Libro de cocina

Crock Pot

Slow Cooker

Recetas rápidas, saludables y deliciosas para toda la familia con un presupuesto.

Haz que tu cuerpo sea una máquina de quemar grasa con comidas deliciosas usando la olla de cocción lenta.
Keto Guida.

La información que figura en las páginas siguientes se considera en general una exposición veraz y exacta de los hechos y, como tal, toda falta de atención, utilización o uso indebido de la información en cuestión por parte del lector hará que las acciones resultantes queden únicamente bajo su competencia. No hay ningún escenario en el que el editor o el autor original de esta obra pueda ser considerado de alguna manera responsable de cualquier dificultad o daño que pueda ocurrirles después de emprender la información aquí descrita.

Además, la información que figura en las páginas siguientes tiene fines exclusivamente informativos y, por lo tanto, debe considerarse universal. Como corresponde a su naturaleza, se presenta sin garantía en cuanto a su validez prolongada o su calidad provisional. Las marcas comerciales que se mencionan se hacen sin consentimiento escrito y no pueden considerarse en modo alguno como una aprobación del titular de la marca.

Índice

Introducción

La olla ha sido durante mucho tiempo el utensilio favorito de la cocina para la comida 'set-it-and-forget-it'. Es un maravilloso invento de quien lo haya ideado, y ha ahorrado muchos dólares en electricidad al no tener que mantener la estufa y el horno encendidos durante largas horas y todo el día. Entonces, ¿qué es realmente una olla de cocción lenta? Una olla de cocción lenta también se llama olla de cocción lenta o olla de cocción en cacerola. Estos apodos se refieren al mismo aparato de cocina, y es uno de los métodos de recalentamiento más utilizados hoy en día. Básicamente es una olla con un recipiente de cerámica vidriada que tiene una tapa hermética. Esto se debe al líquido que entra con la comida. La olla se conecta a un enchufe en la cocina para que funcione.

El método de cocción lenta de la olla de cocción lenta consiste básicamente en depositar los ingredientes que desea cocinar en el recipiente de la olla de cocción lenta (generalmente revolviéndolo con una cuchara de madera o un cucharón), añadir el líquido elegido y cocinarlo durante unas horas hasta que esté listo. Estos solían ser los métodos de cocción estándar en las cocinas, y han permanecido igual con la invención de la olla de cocción lenta. Hoy en día, la mayoría de las ollas de cocción tienen interiores controlados termostáticamente para garantizar que se establece en la temperatura correcta durante el proceso de cocción para no cocinar en exceso sus comidas. Lo mejor en la cocción lenta de la olla es encontrar esa receta baja y lenta. Las recetas que son de poca duración suelen ser muy bajas en pasos, y no implica mucho trabajo. Usualmente lleva al tan buscado tipo de comida de "ponlo y olvídalo". Imagine que no tiene que ver cómo se cocinan lentamente sus comidas mientras trabaja en otras tareas; puede evitar la tentación de espiar o revisarlas con demasiada frecuencia y no tener que preocuparse de que se quemen o formen costras a los lados de la olla. Al cocinar a fuego lento, no tienes que preocuparte de que tu comida explote por toda la cocina o de que toda la grasa se caiga y se pegue en el fondo de la olla.

El mejor uso de la cocción lenta de la olla de cocción lenta es la conveniencia de la comida, especialmente durante las vacaciones y las fiestas. Puedes poner la olla en la mesa, y todos pueden servirse. Es una excelente y gran manera de pasar el tiempo con sus invitados y tratarlos bien. No hay nada más cursi que comer el mismo plato al estilo de la fondue. Puedes disfrutar de los perritos calientes de cocción lenta durante horas y horas sin que los pequeños se quiten la tapa subrepticiamente y los escalfen en el charco de aceite que se encuentra junto al plato.

Una olla de cocción lenta es una buena manera de usar las sobras para una comida deliciosa. Si cocinas una comida grande regularmente y tienes sobras, ponlas en una olla con un líquido y déjala cocinarse. Esto duplicará la cantidad de comida que sobra o que se le da al gato al final de la semana. Cocinar en ollas de barro generalmente ahorra tiempo, pero también es una forma de cocinar de bajo presupuesto. La comida de cocción lenta puede ahorrarte dinero porque normalmente es muy baja y fácil de hacer. De hecho, incluso es posible cocinar una comida con los últimos centavos en la cartera. Si tienes un presupuesto ajustado y no tienes mucho que gastar en tus comidas, la olla de cocción lenta es el camino a seguir.

Las vasijas de cocción incluso son un gran regalo, ya que se fabrican en muchas formas y tamaños, desde la realmente pequeña vasija de cocción de un cuarto de galón hasta la enorme de 8 cuartos o más. Cualquier forma o tamaño sería un regalo bienvenido para cualquiera, porque todos comen. Cualquier ocasión puede ser un buen momento para regalar una olla, y cuantas más ocasiones se puedan nombrar, más ollas se pueden hacer como regalo.

Los crockpots son algo bueno para los solteros que no tienen muchos amigos, y juntarse puede ser difícil. Puedes seguir cocinando y no tener que preocuparte por cocinar para nadie. Tampoco tienes que hacer una cena o una obra de caridad cada semana. Puedes poner algunos ingredientes juntos en tu olla, encenderla e irte. De esa manera, eres libre de hacer lo que quieras mientras tu olla cocine tu comida.

¿Para quién es este libro de cocina? Este libro de cocina es para la gente que quiere pasar menos tiempo en la cocina y menos dinero en comida. Este libro de cocina también es para las personas que desean cocinar sus comidas de manera saludable o para las personas con poco tiempo o dinero, y por último, esto es para las personas que disfrutan de compartir las comidas con amigos y familiares. Regale a sus invitados una buena comida todos los días. Cocina lenta, ¡viva mucho tiempo!

VERDURAS

Squash & Zucchini

Tiempo de preparación: 15 minutos

Hora de cocinar: 4-6 horas

Porciones: 6

Ingredientes:

- 2 tazas de calabacín en rodajas

- 2 tazas de calabaza amarilla en rodajas

- ¼ tsp. Pepper

- 1 cucharadita de condimento italiano

- Ajo en polvo

- ½ cdta. Sal marina

- ¼ tazas de mantequilla en cubos

- ¼ tazas de queso parmesano rallado

Instrucciones:

1. En una olla de cocción lenta, mezclar todos los ingredientes anteriores. Cocine cubierto durante 4-6 horas a fuego lento.

Nutrición:

Calorías: 122

Grasa: 9,9 g

Carbohidratos: 5,4 g

Proteína: 4,2 g

Vegetales asados

Tiempo de preparación: 15 minutos

Tiempo de cocción: 5 horas

Porciones: 4

Ingredientes:

- 2 pimientos en rodajas

- 3 calabacines en rodajas

- ½ taza de ajo picado

- 1 cucharada de mezcla de hierbas italianas

- 2 cucharadas de aceite de oliva

Instrucciones:

1. Ponga todos los ingredientes en un recipiente para mezclar. Sazone con sal si lo desea. Mezclar para cubrir todo. Colóquelo en la olla eléctrica y cocínelo a fuego lento durante 5 horas.

Nutrición:

Calorías: 96

Carbohidratos: 8.01 g

Proteína: 1,75 g

Grasa: 6,91 g

Lasaña de calabacín tailandesa

Tiempo de preparación: 45 minutos

Tiempo de cocción: 4 horas

Porciones: 8

Ingredientes:

Para los zoodles:

- 4 calabacines grandes

- 1 cucharada de sal

- para la lasaña:

- 2 cucharadas de aceite de coco

- 1 libra de pavo molido extra-limpio

- 1 taza de cebolla, cortada en cubitos

- 1 cucharada + 2 cucharadas de ajo fresco, picado

- 1/2 cucharada de jengibre fresco, picado

- pimienta

- 1 taza de leche de coco light

- 1/4 de taza de mantequilla de cacahuete cremosa natural

- 1/4 de taza de salsa de soja reducida en sodio

- 2 cucharadas de azúcar de coco

- 1 cucharada de vinagre de arroz

- 1 cucharada de jugo fresco de lima

- 1 cucharada de salsa de pescado

- 1-2 cucharadas de sriracha

- 15 onzas de queso ricotta ligero

- 1 huevo grande

- 1/2 taza de cilantro, picado en trozos grandes

- 2 tazas de napa de col, picada en trozos.

- 1/2 taza de castañas de agua, cortadas en cubos

- 8 onzas de queso mozzarella, rallado

- 1 pimiento rojo grande, cortado en cubos

Para adornar:

- cilantro, en cubitos

- cebolla verde, en cubitos

- cacahuetes tostados, cortados en dados

- brotes de frijoles, picados en bruto

Instrucciones:

1. Precaliente el horno a 350 grados. Usando una mandolina, corta el calabacín en rodajas finas, de aproximadamente 1/8 de pulgada de grosor. Colóquelas en 2 hojas de galleta y espolvoree con una cucharada de sal.

2. Hornee durante 15-20 minutos, hasta que empiecen a dorarse ligeramente, para sacar toda la humedad.

3. Mientras los zoodles se cocinan, calienta el aceite de coco a fuego medio/alto en la sartén grande. Añade el pavo molido, la cebolla picada, el ajo, el jengibre y una pizca de pimienta.

4. Cocina hasta que la cebolla esté suave y el pavo se dore, unos 10-12 minutos, asegurándote de romper el pavo mientras se cocina.

5. Una vez cocido, añada la leche de coco, la mantequilla de cacahuete, la salsa de soja, el azúcar de coco, el vinagre de arroz, el zumo de lima, la salsa de pescado y una cucharada de sriracha. Llevar a ebullición y hervir durante 3 minutos, revolviendo muy a menudo para que el fondo no se queme.

6. Entonces, reduce el fuego a medio y hierve a fuego lento hasta que la salsa esté espesa y cremosa y empiece a reducirse, unos 2-4 minutos. Revuelva ocasionalmente

para que no se queme. Ajustar la sriracha al gusto. Poner a un lado.

7. Una vez que los zoodles estén cocinados, transfiéralos a un largo pedazo de papel toalla, cúbralos con otro pedazo de papel toalla, y suavemente presione hacia afuera tanto exceso de humedad como pueda. Repite con una nueva capa de toalla de papel encima. Poner a un lado.

8. En un tazón mediano, usa un tenedor para batir el queso ricotta, el huevo y otra pizca de pimienta. Poner a un lado.

9. A la capa: Rociar el fondo de una olla de cocción con spray de cocina. Esparcir en la mitad de la mezcla de pavo de manera uniforme. Luego, pongan la mitad de los fideos de calabacín en una sola capa, superponiéndolos ligeramente, seguido por la mitad de la mezcla de requesón. Extienda suavemente el ricotta para "sellar" los zoodles.

10. Espolvorea la mitad del cilantro, seguido por la mitad del repollo y la mitad de las castañas de agua. Finalmente, espolvorea la mitad del queso mozzarella.

11. Repita las capas una vez más, excepto que sólo use la mitad del queso mozzarella restante en la parte

superior. Luego, agregue el pimiento rojo cortado en cubos sobre la última capa de mozzarella.

12. Cubra su olla y cocine a fuego lento durante 4-5 horas, o hasta que todo se derrita y los lados de la lasaña estén dorados. Espolvorea el queso restante y déjalo reposar, cubierto, hasta que se derrita. Espolvorea con todas las guarniciones y devora!

Nutrición:

Calorías: 341

Grasa: 17.1g

Proteína: 31.2g

Carbohidratos: 15.5g

Las berenjenas de Keto

Tiempo de preparación: 15 minutos

Tiempo de cocción: 7 horas

Porciones: 14

Ingredientes:

- 4 cucharadas de aceite de oliva

- 1 cebolla roja

- 2 dientes de ajo

- 1 libra de berenjena

- 7 tomates maduros

- 1 bulbo de hinojo

- 4 tomates secos

- 1 cdta. de semillas de cilantro

Vestido:

- ¼ taza de perejil de hoja plana

- ¼ taza de albahaca

- 2 cucharaditas de cebollino

- 2 cucharadas de aceite de oliva

- 1 jugo de limón

Topping:

- ½ taza de almendras tostadas en copos

- Pan Keto para servir

Instrucciones:

1. Pela la cebolla roja y córtala en rodajas. Pele el ajo y aplástelo. Corta el bulbo. Lava los tomates y córtalos. Lavar el perejil y cortarlo, lavar las hojas de albahaca, cortar el cebollino. Exprimir el jugo de un limón.

2. Abrir la olla eléctrica, verter un poco de aceite de oliva en la olla eléctrica, poner las cebollas en el fondo y añadir el ajo machacado.

3. Lavar y cortar la berenjena en rodajas gruesas y sal. Póngalas en el Crock Pot encima de la mezcla de cebollas y tomates, hinojo y tomates secos.

4. Esparcir las semillas de cilantro, sazonar bien con sal y pimienta. Cubrir y cocinar a fuego lento durante 7 horas, la berenjena debe ser suavizada.

5. Prepara el aderezo - mezcla perejil y albahaca, aceite de oliva, jugo de limón, cebollino. Pasar el plato preparado a un plato de servir y rociar con el aderezo. Cubrir con almendras laminadas y servir con pan Keto.

Nutrición:
Calorías: 229
Grasa: 8.7g
Proteína: 31.7g
Carbohidratos: 4.7g

Horno de verduras italiano

Tiempo de preparación: 15 minutos

Tiempo de cocción: 5 horas

Porciones: 7

Ingredientes:

- 3 dientes de ajo

- 1 lata de tomate

- 1 manojo de orégano

- ¼ cucharadita de copos de chile

- 11 oz. de berenjenas bebé

- 2 calabacines

- ½ tarro de pimientos rojos asados

- 3 tomates

- 1 manojo de albahaca

- Ensalada verde

Instrucciones:

1. Pelar el ajo y picarlo. Picar los tomates de la lata. Lavar los calabacines y rebanarlos, cortar las berenjenas pequeñas. Cortar los tomates.

2. Abre la olla eléctrica, pon el ajo, los tomates picados, las hojas de orégano, el chile y algunos condimentos, añade aceite de oliva si es necesario.

3. Añade berenjenas picadas, tomates, calabacines, pimientos rojos, albahaca y el orégano restante. Repita la capa de vegetales, la hierba y los tomates. Presionar bien para comprimir, poner en alto durante 5 horas.

4. Servir con las hojas de albahaca y la ensalada verde.

Nutrición:

Calorías: 60

Grasa: 3.5g

Proteína: 2g

Carbohidratos: 6g

Albóndigas de arce picante

Tiempo de preparación: 15 minutos

Tiempo de cocción: 5 horas

Porciones: 11

Ingredientes:

- 1 cucharada de aceite de oliva

- ½ cebolla blanca

- 1 pimiento rojo

- 1 pimiento verde

- 2 pimientos jalapeños

- 1½ taza de salsa de tomate natural

- 1 taza de jarabe de arce

- 2 cucharadas de harina de almendras

- 2 cucharaditas de pimienta inglesa molida

- 1/8 cucharadita de humo líquido

- 1 bolsa de albóndigas vegetarianas congeladas

Instrucciones:

1. Pela la cebolla, córtala finamente. Lavar y cortar los pimientos. Ponerlos a un lado. Añade el aceite de oliva a la olla, añade la cebolla y los pimientos.

2. Tome un tazón mediano y añada harina, jarabe de arce, salsa de tomate, pimienta inglesa, humo líquido. Mezclar todo hasta que tenga una consistencia suave. Viértelo en la olla eléctrica.

3. Añade albóndigas congeladas. Cúbrelas y cocínalas a fuego lento durante 5 horas. La salsa debe ser espesa y cubrir las albóndigas. Sirva caliente sobre el arroz con coliflor.

Nutrición:

Calorías: 68

Grasa: 1.6g

Proteína: 7.2g

Carbohidratos: 6.6g

Coliflor condimentada

Tiempo de preparación: 10 minutos

Tiempo de cocción: 2 horas

Porciones: 13

Ingredientes:

- 1 coliflor grande

- 1 cebolla mediana

- 1 tomate mediano

- 2 raíces de jengibre

- 2 dientes de ajo

- 2 pimientos jalapeños

- 1 cucharada de semillas de comino

- ¼ cucharadita de pimienta de cayena

- 1 cucharada de garam masala

- 1 cucharada de sal kosher

- 1 cucharadita de cúrcuma

- 3 cucharadas de aceite vegetal

- 1 cucharada de cilantro fresco

Instrucciones:

1. Enjuague la coliflor, córtela en trozos de 1 pulgada. Pela y corta la cebolla en dados. Lavar el tomate, secarlo con una toalla de papel y cortarlo en dados. Pelar y rallar la raíz de jengibre.

2. Pelar y rallar el ajo. Quitar las semillas de los jalapeños, rebanar. Lavar el cilantro fresco, picarlo finamente.

3. Poner en la Crock Pot floretes de coliflor, cebolla, tomate, jengibre, ajo, pimientos, masala, sal, cúrcuma, aceite. Revuelva todo bien. Cúbralo y póngalo a fuego lento durante 2 horas. Servir con cilantro fresco.

Nutrición:

Calorías: 81

Grasa: 6g

Proteína: 2.2g

Carbohidratos: 6.3g

Cazuela de espinacas y alcachofas

Tiempo de preparación: 10 minutos

Tiempo de cocción: 6 horas

Porciones: 10

Ingredientes:

- 8 huevos grandes

- 3/4 de taza de leche de almendra sin azúcar

- 5 onzas de espinacas frescas picadas

- 6 onzas de corazones de alcachofa picados

- 1 taza de parmesano rallado

- 3 dientes de ajo picados

- 1 cucharadita de sal

- 1/2 cucharadita de pimienta

- 3/4 de taza de harina de coco

- 1 cucharada de polvo de hornear

Instrucciones:

1. Engrasar el interior de una olla de 6 cuartos de galón. En un bol grande, bata los huevos, la leche de almendras, las espinacas, los corazones de alcachofa,

1/2 taza de parmesano o levadura nutritiva, ajo, sal y pimienta.

2. Añade la harina de coco y el polvo de hornear y bátelo hasta que esté bien combinado.

3. Esparce la mezcla en la olla eléctrica y espolvorea la media taza de parmesano restante. Cocina a fuego alto durante 2 o 3 horas o a fuego bajo durante 4 o 6 horas. Espolvorea con albahaca fresca picada.

Nutrición:

Calorías: 141

Grasa: 7.1g

Proteína: 10g

Carbohidratos: 7.8g

y frijoles vegetarianos

Tiempo de preparación: 5 minutos

Tiempo de cocción: 4 horas

Porciones: 6

Ingredientes:

- 2 paquetes de arroz con coliflor congelado (12 onzas cada uno.)

- 2 latas de frijoles de soya negra, escurridos y enjuagados

- 1/2 taza de semillas de cáñamo descascaradas

- 1 taza de caldo de verduras o caldo

- 3 cucharadas de aceite de oliva

- 2 cucharaditas de ajo en polvo

- 1 cucharadita de polvo de cebolla

- 1 cucharadita de comino

- 1 cucharadita de chile en polvo

- 1/2 cucharadita de polvo de cayena

- 1 cucharada de orégano mexicano

- Guarniciones de elección

Instrucciones:

1. Añade todo menos el orégano mexicano a tu olla y mézclalo lo mejor posible. Deje que se cocine a fuego alto durante unas 3-4 horas, hasta que el "arroz" esté tierno.

2. Revuelva el orégano. Adorne como desee y sirva, o saque una porción para la semana.

Nutrición:

Calorías: 299

Grasa: 20.2g

Proteína: 19,3g

Carbohidratos: 4.9g

Sopa de brócoli y parmesano

Tiempo de preparación: 10 minutos

Tiempo de cocción: 2 horas

Porciones: 12

Ingredientes:

- 2 tazas de agua

- 2 tazas de caldo de pollo (calentado en el microondas)

- 5 tazas de flores de brócoli fresco cortadas en pequeños trozos

- 8 oz de queso crema suavizado

- 1 taza de crema batida

- 1/2 taza de queso parmesano

- 2 ½ tazas de queso Cheddar rallado

- 2 cucharadas de mantequilla sin sal ablandada

- Una pizca de tomillo

- Sal y pimienta al gusto

Instrucciones:

1. Cortar las coronas de brócoli en pequeñas flores y dejarlas a un lado. Es importante que el brócoli crudo

sea cortado en pequeños trozos para que se cocine hasta que esté tierno.

2. En la vasija de cocción añade la mantequilla, el queso crema ablandado, la nata montada, el caldo de pollo, el agua y mézclalo bien. Una vez que esté bien mezclado, agregue el queso parmesano.

3. A continuación, añadir las coronas de brócoli picado, tomillo. Cubrir y cocinar a fuego lento durante 3 horas o medio-alto durante 80 minutos.

4. Luego simplemente revuelve bien la sopa y añade las 2 1/2 tazas de queso cheddar rallado. Revuelva un par de veces permitiendo que el queso cheddar se derrita completamente. Añade la sal y la pimienta al gusto.

Nutrición:

Calorías: 230

Grasa: 20g

Proteína: 9.8g

Carbohidratos: 3.8g

Espárragos con limón

Tiempo de preparación: 10 minutos

Tiempo de cocción: 2 horas

Porciones: 2

Ingredientes:

- 1 libra de espárragos.

- 1 cucharada de jugo de limón

Instrucciones:

1. Prepara los condimentos: 2 dientes de ajo machacados y sal y pimienta al gusto. Poner los espárragos en el fondo de la olla. Añade el zumo de limón y los condimentos. Cocinar a fuego lento durante 2 horas.

Nutrición:

Calorías: 78

Grasa: 2 g

Carbohidratos: 3,7 g

Proteína: 9 g

Sopa de fideos con vegetales

Tiempo de preparación: 10 minutos

Tiempo de cocción: 8 horas

Porciones: 2

Ingredientes:

- 1/2 taza de zanahorias picadas, picadas

- 1/2 taza de apio picado, picado

- 1 cucharadita de condimento italiano

- 7 oz de calabacín, corte en espiral

- 2 tazas de hojas de espinaca, picadas

Instrucciones:

1. Excepto el calabacín y las espinacas, añade todos los ingredientes a la olla. Añade 3 tazas de agua. Añada 1/2 taza de cebolla y ajo picados, 1/8 de cucharadita de sal y pimienta y las especias deseadas como el tomillo y el laurel si lo desea.

2. Cúbrelo y cocínalo durante 8 horas a fuego lento. Añade el calabacín y las espinacas en los últimos 10 minutos de cocción.

Nutrición:

Calorías: 56

Grasa: 0,5 g

Carbohidratos: 0,5 g

Proteína: 3 g

y calabaza amarilla

Tiempo de preparación: 10 minutos

Tiempo de cocción: 6 horas

Porciones: 2

Ingredientes:

- 2/3 taza de calabacín, en rodajas

- 2/3 tazas de calabaza amarilla, en rodajas

- 1/3 cucharadita de condimento italiano

- 1/8 de taza de mantequilla

Instrucciones:

1. Coloca calabacines y calabazas en el fondo de la olla. Espolvorear el condimento italiano con sal, pimienta y ajo en polvo al gusto. Cubrir con mantequilla. Cubrir y cocinar durante 6 horas a fuego lento.

Nutrición:

Calorías: 122

Grasa: 9,9 g

Carbohidratos: 3,7 g

Proteína: 4,2 g

Coliflor boloñesa en fideos de calabacín

Tiempo de preparación: 10 minutos

Tiempo de cocción: 4 horas

Porciones: 2

Ingredientes:

- 1 cabeza de coliflor, cortes de florituras

- 1 cucharadita de copos de albahaca seca

- 28 onzas de tomates cortados en cubos

- 1/2 taza de caldo de verduras

- 5 calabacines, corte en espiral

Instrucciones:

1. Ponga los ingredientes en la olla excepto el calabacín. Sazonar con 2 dientes de ajo, 3,4 cebollas picadas, sal y pimienta al gusto y las especias deseadas.

2. Cúbrelo y cocínalo durante 4 horas. Romper los ramilletes de la coliflor con un tenedor para formar "boloñesa". Transfiera el plato sobre los fideos de calabacín.

Nutrición:

Calorías: 164

Grasa: 5 g

Carbohidratos: 6 g

Proteína: 12 g

Hongos de ajo

Tiempo de preparación: 10 minutos

Tiempo de cocción: 2 horas

Porciones: 2

Ingredientes:

- 1 paquete de Aderezo Ranchero

- 4 paquetes de setas enteras

- 1 cubo de mantequilla, derretido

Instrucciones:

1. Coloca 5 dientes de ajo en el fondo de la olla y vierte la mantequilla derretida. Añade los champiñones y vierte el aderezo. Sazonar con sal y pimienta al gusto. Cubrir y cocinar a fuego alto durante 2 horas.

Nutrición:

Calorías: 97

Grasa: 20 g

Carbohidratos: 3 g

Proteína: 10 g

Calabaza espagueti

Tiempo de preparación: 5 minutos

Tiempo de cocción: 6 horas

Porciones: 2

Ingredientes:

- 2 calabazas pequeñas de espagueti

Instrucciones:

1. Golpea la calabaza con un tenedor varias veces. Poner la calabaza en la olla y añadir 1,2 taza de agua. Cúbrelo y cocínalo a fuego lento durante 6 horas.

2. Cuando se cocine, rebane la mitad y saque las semillas. Descarte los espaguetis con un tenedor.

Nutrición:

Calorías: 58

Grasa: 6 g

Carbohidratos: 5 g

Proteína: 7 g

Espinacas con crema fácil

Tiempo de preparación: 5 minutos

Tiempo de cocción: 3 horas

Porciones: 2

Ingredientes:

- 10 oz de espinacas, descongeladas

- 3 cucharadas de queso parmesano

- 3 oz de queso crema

- 2 cucharadas de crema agria

Instrucciones:

1. Combina todos los ingredientes en la olla. Añade algunos condimentos, sal y pimienta a gusto y media cucharadita de cebolla y ajo en polvo. Mezclar bien. Cubrir y cocinar durante 3 horas a fuego lento.

Nutrición:

Calorías: 165

Grasa: 13,22 g

Carbohidratos: 3,63 g

Proteína: 7,33 g

Coco Coles de Bruselas

Tiempo de preparación: 10 minutos

Hora de cocinar: 4 horas

Porciones: 6

Ingredientes:

- 2 tazas de coles de Bruselas, cortadas por la mitad

- ½ taza de leche de coco

- 1 cucharadita de ajo en polvo

- 1 cucharadita de sal

- ½ cucharadita de cilantro, molido

- 1 cucharadita de orégano seco

- 1 cucharada de vinagre balsámico

- 1 cucharadita de mantequilla

Instrucciones:

1. Coloca las coles de Bruselas en la olla. Añade el resto de los ingredientes, remueve, cierra la tapa y cocina las coles de Bruselas durante 4 horas a fuego lento. Dividir entre los platos y servir.

Nutrición:

Calorías: 45

Carbohidratos: 9g

Grasa: 0g

Proteína: 3g

Limón Espárrago

Tiempo de preparación: 8 minutos

Tiempo de cocción: 5 horas

Porciones: 2

Ingredientes:

- 8 oz. de espárragos

- ½ taza de mantequilla - jugo de 1 limón

- Cáscara de 1 limón, rallado

- ½ cucharadita de cúrcuma

- 1 cucharadita de romero, seco

Instrucciones:

1. En tu olla, mezcla los espárragos con la mantequilla, el jugo de limón y los otros ingredientes: y cierra la tapa. Cocine las verduras en bajo durante 5 horas. Dividirlas entre los platos y servirlas.

Nutrición:

Calorías: 60

Carbohidratos: 4g

Grasa: 5g

Proteína: 2g

Frijoles verdes de lima

Tiempo de preparación: 10 minutos

Tiempo de cocción: 2,5 horas

Porciones: 5

Ingredientes:

- 1 libra de judías verdes, recortadas y cortadas por la mitad
- 2 cebolletas, picadas
- 2 cucharadas de jugo de lima
- ½ cucharadita de cáscara de limón, rallada
- 2 cucharadas de aceite de oliva
- ¼ cucharadita de pimienta negra molida
- ¾ cucharadita de sal - ¾ taza de agua

Instrucciones:

1. En la olla, mezclar las judías verdes con las cebolletas y los otros ingredientes: y cerrar la tapa. Cocinar durante 2 horas y media en alta.

Nutrición:

Calorías: 100

Carbohidratos: 19g

Grasa: 0g

Proteína: 6g

Queso Espárragos

Tiempo de preparación: 10 minutos

Hora de cocinar: 3 horas

Porciones: 4

Ingredientes:

- 10 oz. de espárragos, recortados

- 4 onzas. Queso Cheddar, en rodajas

- 1/3 taza de mantequilla, suave

- 1 cucharadita de polvo de cúrcuma

- ½ cucharadita de sal

- ¼ cucharadita de pimienta blanca

Instrucciones:

1. En la olla, mezclar los espárragos con la mantequilla y los demás ingredientes, poner la tapa y cocinar durante 3 horas a fuego alto.

Nutrición:

Calorías: 260

Carbohidratos: 38g

Grasa: 7g

Proteína: 11g

Brócoli cremoso

Tiempo de preparación: 15 minutos

Tiempo de cocción: 1 hora

Porciones: 4

Ingredientes:

- ½ taza de crema de coco

- 2 tazas de flores de brócoli

- 1 cucharadita de menta, seca

- 1 cucharadita de garam masala

- 1 cucharadita de sal

- 1 cucharada de copos de almendras

- ½ cucharadita de cúrcuma

Instrucciones:

1. En la olla de cocción lenta, mezclar el brócoli con la menta y los otros ingredientes. Cierre la tapa y cocine las verduras durante 1 hora a fuego alto. Dividirlas entre los platos y servirlas.

Nutrición:
Calorías: 93
Carbohidratos: 11g
Grasa: 5g
Proteína: 2g

Coliflor al curry

Tiempo de preparación: 15 minutos

Tiempo de cocción: 2,5 horas

Porciones: 4

Ingredientes:

- 1 ½ taza de coliflor, recortada y floretes separados

- 1 cucharada de pasta de curry

- ½ taza de crema de coco

- 1 cucharadita de mantequilla

- ½ cucharilla garam masala

- ¾ taza de cebollino, picado

- 1 cucharada de romero, picado

- 2 cucharadas de parmesano, rallado

Instrucciones:

1. En la olla de cocción lenta, mezclar la coliflor con la pasta de curry y los otros ingredientes. Cocine la coliflor durante 2 horas y media a fuego alto.

Nutrición:

Calorías: 80

Carbohidratos: 28g

Grasa: 18g

Proteína: 13g

Berenjena al ajo

Tiempo de preparación: 15 minutos
Tiempo de cocción: 2 horas
Porciones: 4
Ingredientes:

- Una berenjena de una libra, recortada y cortada en cubos.

- 1 cucharada de vinagre balsámico

- 1 diente de ajo, cortado en cubos

- 1 cucharadita de estragón

- 1 cucharadita de sal

- 1 cucharada de aceite de oliva

- ½ cucharadita de pimentón molido

- ¼ taza de agua

Instrucciones:

1. En la olla, mezclar la berenjena con el vinagre, el ajo y los otros ingredientes, cerrar la tapa y cocinar en alto durante 2 horas. Dividir en tazones y servir.

Nutrición:
Calorías: 60
Carbohidratos: 1g
Grasa: 6g
Proteína: 0g

Guisantes verdes de mantequilla

Tiempo de preparación: 10 minutos

Hora de cocinar: 3 horas

Porciones: 4

Ingredientes:

- 1 taza de guisantes verdes

- 1 cucharadita de ajo picado

- 1 cucharada de mantequilla, ablandada

- ½ cucharadita de pimienta de cayena

- 1 cucharada de aceite de oliva

- ¾ cucharadita de sal - 1 cucharadita de pimentón

- 1 cucharadita de garam masala

- ½ taza de caldo de pollo

Instrucciones:

1. En la olla de cocción lenta, mezclar los guisantes con la mantequilla, el ajo y los otros ingredientes: Cerrar la tapa y cocinar durante 3 horas a fuego alto.

Nutrición:

Calorías: 80

Carbohidratos: 14g

Grasa: 2g

Proteína: 5g

Almohada de coliflor con avellanas

Tiempo de preparación: 15 minutos

Tiempo de cocción: 2 horas

Porciones: 6

Ingredientes:

- 3 tazas de coliflor, picada

- 1 taza de caldo de pollo

- 1 cucharadita de pimienta negra molida

- ½ cucharadita de cúrcuma

- ½ cucharadita de pimentón molido

- 1 cucharadita de sal

- 1 cucharada de eneldo seco

- 1 cucharada de mantequilla

- 2 cucharadas de avellanas, picadas

Instrucciones:

1. Ponga la coliflor en la licuadora y bátala hasta obtener el arroz con coliflor. Luego transfiere el arroz con coliflor a la olla.

2. Añade pimienta negra molida, cúrcuma, pimentón molido, sal, eneldo seco y mantequilla. Mezcle el arroz con coliflor. Añade el caldo de pollo y cierra la tapa.

3. Cocina el pilaf durante 2 horas en el Alto. Luego agregue las avellanas picadas y mezcle bien el pilaf.

Nutrición:

Calorías: 162

Carbohidratos: 31g

Grasa: 3g

Proteína: 6g

Coliflor y Cúrcuma

Tiempo de preparación: 10 minutos

Hora de cocinar: 3 horas

Porciones: 3

Ingredientes:

- 1 taza de ramilletes de coliflor

- 1 cucharadita de polvo de cúrcuma

- 1 taza de agua - 1 cucharadita de sal

- 1 cucharada de mantequilla

- 1 cucharada de crema de coco

- 1 cucharadita de cilantro, molido

Instrucciones:

1. En la olla de cocción lenta, mezclar la coliflor con agua y sal. Cerrar la tapa y cocinar durante 3 horas en la alta. Luego escurra el agua y transfiera la coliflor a una licuadora. Añada el resto de los ingredientes, mezcle y sirva.

Nutrición:

Calorías: 139

Carbohidratos: 12g

Grasa: 10g

Proteína: 4g

Verduras y aceitunas

Tiempo de preparación: 15 minutos

Hora de cocinar: 3.5 horas

Porciones: 6

Ingredientes:

- 2 tazas de espinacas

- 2 cucharadas de cebollino picado

- 5 onzas. Queso Cheddar, rallado

- ½ taza de crema pesada

- 1 cucharadita de pimienta negra molida

- ½ cucharadita de sal

- 1 taza de aceitunas negras, sin hueso y cortadas por la mitad

- 1 cucharadita de salvia

- 1 cucharadita de pimentón dulce

Instrucciones:

1. En la olla, mezclar las espinacas con el cebollino y los otros ingredientes, revolver y cerrar la tapa. Cocine durante 3,5 horas en bajo y sirva.

Nutrición:

Calorías: 241

Carbohidratos: 2g

Grasa: 25g

Proteína: 2g

Verduras y nueces

Tiempo de preparación: 15 minutos

Tiempo de cocción: 6 horas

Porciones: 4

Ingredientes:

- 2 tazas de repollo rojo, desmenuzado

- 3 cebolletas, picadas

- ½ taza de caldo de pollo

- 1 cucharada de aceite de oliva

- 1 cucharadita de sal

- 1 cucharadita de comino molido

- 1 cucharadita de pimentón picante

- 1 cucharada de salsa de tomate Keto

- 1 oz. de nueces

- 1/3 de taza de perejil fresco, picado

Instrucciones:

1. En la olla, mezclar la col con las cebolletas y los otros ingredientes. Cierre la tapa y cocine la col durante 6 horas a fuego lento. Dividir en tazones y servir.

Nutrición:

Calorías: 98

Carbohidratos: 10g

Grasa: 7g

Proteína: 2g

Caldo de verduras casero

Tiempo de preparación: 15 minutos
Tiempo de cocción: 12 horas y 30 minutos
Porciones: 4
Ingredientes:

- 4 cuartos de galón de agua fría filtrada

- 12 granos de pimienta enteros

- 3 zanahorias peladas y picadas

- 3 tallos de apio picados

- 2 hojas de laurel

- 4 dientes de ajo aplastados

- Una gran cebolla cuarteada

- 2 cucharadas de vinagre de sidra de manzana

- Cualquier otro desecho vegetal

Instrucciones:

1. Ponga todo en su olla y cúbralo. No lo enciendas, déjalo reposar durante 30 minutos. Cocine a fuego lento durante 12 horas. Cuele el caldo y deseche los sólidos. Antes de usarlo, mantén el caldo en un recipiente en la nevera durante 2-3 horas.

Nutrición:
Calorías: 35
Carbohidratos: 9g

Grasa: 0g
Proteína: 2g

Sopa de crema de calabacín

Tiempo de preparación: 15 minutos

Tiempo de cocción: 2 horas y 10 minutos

Porciones: 4

Ingredientes:

- 3 tazas de caldo vegetal

- 2 libras de calabacín picado

- 2 dientes de ajo picados

- ¾ taza de cebolla picada

- ¼ taza de hojas de albahaca

- 1 cucharada de aceite de oliva extra virgen

- Sal y pimienta al gusto

Instrucciones:

1. Calentar aceite de oliva en una sartén. Cuando esté caliente, cocine el ajo y la cebolla durante unos 5 minutos. Viértelo en tu olla con el resto de los ingredientes. Cierra la tapa.

2. Cocina a fuego lento durante 2 horas. Haga puré la sopa con una licuadora de inmersión. Servir.

Nutrición:

Calorías: 169

Carbohidratos: 14g

Grasa: 10g

Proteína: 6g

Sopa de tomate

Tiempo de preparación: 15 minutos

Hora de cocinar: 4 horas

Porciones: 4

Ingredientes:
- 1 lata de tomates triturados
- 1 taza de caldo de verduras
- ½ taza de crema pesada
- 2 cucharadas de perejil picado
- ½ cucharadita de polvo de cebolla
- ½ cucharadita de polvo de ajo
- Sal y pimienta al gusto

Instrucciones:
1. Ponga todos los ingredientes excepto la crema en la olla y cocine a fuego lento durante 4 horas. Mezclar y añadir la crema con una batidora de inmersión. Pruebe y sazone con más sal y pimienta si es necesario.

Nutrición:
Calorías: 90
Carbohidratos: 20g
Grasa: 0g
Proteína: 2g

Vegetal Korma

Tiempo de preparación: 15 minutos

Tiempo de cocción: 8 horas

Porciones: 4

Ingredientes:

- Una cabeza de ramilletes de coliflor...

- ¾ lata de leche de coco entera

- 2 tazas de judías verdes picadas

- ½ cebolla picada

- 2 dientes de ajo picados

- 2 cucharadas de polvo de curry

- 2 cucharadas de harina de coco

- 1 cucharadita de garam masala

- Sal y pimienta al gusto

Instrucciones:

1. Añade verduras a tu olla. Mezcle la leche de coco con los condimentos. Viértala en la olla. Espolvoree sobre la harina de coco y mezcle hasta que se mezcle.

2. Cerrar y cocinar a fuego lento durante 8 horas. Pruebe y sazone más si es necesario. ¡Sirve!

Nutrición:

Calorías: 310

Carbohidratos: 41g

Grasa: 12g

Proteína: 9g

Zoodles con salsa de coliflor y tomate

Tiempo de preparación: 15 minutos

Hora de cocinar: 3 horas y 31 minutos

Porciones: 4

Ingredientes:

- 5 grandes calabacines espirales

- 2 latas de 24 onzas de tomates cortados en dados

- 2 cabezas pequeñas de ramilletes de coliflor

- 1 taza de cebolla dulce picada

- 4 dientes de ajo picados

- ½ taza de caldo vegetal

- 5 cucharaditas de condimento italiano

- Sal y pimienta al gusto

- Suficiente agua para cubrir los zoodromos

Instrucciones:

1. Ponga todo menos los zoodles en su olla. Cocina en alto durante 3 horas ½. Aplástalo en una salsa con trozos con un pasapurés u otro utensilio.

2. Para cocinar los zoodles, hierve una gran olla de agua. Cuando hierva, cocine los zoodles por sólo 1 minuto, luego escúrralos con sal y pimienta. ¡Sirve la salsa sobre los zoodles!

Nutrición:

Calorías: 170

Carbohidratos: 22g

Grasa: 6g

Proteína: 11g

Espagueti Squash Carbonara

Tiempo de preparación: 15 minutos

Tiempo de cocción: 8 horas y 10 minutos

Porciones: 4

Ingredientes:

- 2 tazas de agua

- 1 calabaza de 3 libras de espagueti

- ½ taza de tocino de coco

- ½ taza de hojas de espinaca fresca

- 1 huevo

- 3 cucharadas de crema pesada

- 3 cucharadas de leche de almendras sin azúcar

- ½ taza de queso parmesano rallado

- 1 cucharadita de ajo en polvo

- Sal y pimienta al gusto

Instrucciones:

1. Ponga calabaza en su olla y vierta dos tazas de agua. Cierra la tapa. Cocina a fuego lento durante 8-9 horas.

Cuando se enfríe la calabaza de los espaguetis, mezcla el huevo, la crema, la leche y el queso en un tazón.

2. Cuando la calabaza esté lo suficientemente fría para que la manejes con los guantes de cocina, córtala a lo largo y raspa los fideos. Mezcla la mezcla de huevos inmediatamente.

3. Añade espinacas y condimentos. Cubrir con tocino de coco y disfrutar!

Nutrición:

Calorías: 256

Carbohidratos: 10g

Grasa: 19g

Proteína: 13g

Ensalada veraniega de pimiento y berenjena

Tiempo de preparación: 15 minutos

Tiempo de cocción: 7 horas

Porciones: 4

Ingredientes:

- 1 lata de 24 onzas de tomates enteros
- 2 rebanadas de pimientos amarillos
- 2 berenjenas pequeñas (las más pequeñas tienden a ser menos amargas)
- 1 cebolla roja en rodajas
- 1 cucharada de pimentón
- 2 cucharaditas de comino
- Sal y pimienta al gusto
- Un apretón de jugo de lima

Instrucciones:

1. Mezcla todos los ingredientes en tu olla. Cierra la tapa. Cocina a fuego lento durante 7-8 horas. Cuando se acabe el tiempo, sirve caliente o enfría en la nevera durante unas horas antes de comer.

Nutrición:

Calorías: 197

Carbohidratos: 28g

Grasa: 8g
Proteína: 7g

Fideos de calabaza

Tiempo de preparación: 15 minutos

Hora de cocinar: 4 horas

Porciones: 4

Ingredientes:

- Una libra de calabaza, sin semillas, cortada por la mitad

- 1 cucharada de mantequilla vegetariana

- 1 cucharadita de sal

- ½ cucharadita de polvo de ajo

- 1 taza de agua

Instrucciones:

1. Vierte agua en la olla. Añade calabaza y cierra la tapa. Cocina la verdura a fuego alto durante 4 horas.

2. Luego escurrir el agua y desmenuzar la carne de calabaza con la ayuda del tenedor, y transferirla al tazón. Añada ajo en polvo, sal y mantequilla. Mezclar los fideos de calabaza.

Nutrición:
Calorías 78
Proteína 1,2 g

Carbohidratos 13,5 g

Grasa 3 g

Tomates de tomillo

Tiempo de preparación: 10 minutos

Tiempo de cocción: 5 horas

Porciones: 4

Ingredientes:

- Tomates de una libra, en rodajas

- 1 cucharada de tomillo seco

- 1 cucharadita de sal

- 1 cucharada de aceite de oliva

- 1 cucharada de vinagre de sidra de manzana

- ½ taza de agua

Instrucciones:

1. Ponga todos los ingredientes en la olla y cierre la tapa. Cocina los tomates en bajo durante 5 horas.

Nutrición:

Calorías 83

Proteína 1,1 g

Carbohidratos 4,9 g

Grasa 7,3 g

Quinoa Dolma

Tiempo de preparación: 15 minutos

Hora de cocinar: 3 horas

Porciones: 6

Ingredientes:
- 2 pimientos dulces, sin semillas
- 1 taza de quinoa, cocida
- ½ taza de granos de maíz, cocidos
- 1 cucharadita de copos de chile
- 1 taza de agua
- ½ taza de jugo de tomate

Instrucciones:
1. Mezcla la quinoa con granos de maíz y chile en hojuelas. Llenar los pimientos dulces con la mezcla de quinua y ponerlos en la olla.

2. Añade agua y jugo de tomate. Cierre la tapa y cocine los pimientos en alto durante 3 horas.

Nutrición:
Calorías 171
Proteína 6,6 g
Carbohidratos 33,7 g
Grasa 2,3 g

Puré cremoso

Tiempo de preparación: 15 minutos

Hora de cocinar: 4 horas

Porciones: 4

Ingredientes:

- 2 tazas de patatas, picadas

- 2 tazas de agua

- 1 cucharada de mantequilla vegetariana

- ¼ crema para taza

- 1 cucharadita de sal

Instrucciones:

1. Vierte agua en la olla. Añade las patatas y la sal. Cocina las verduras en alto durante 4 horas. Luego escurrir el agua, añadir mantequilla y crema. Triturar las patatas hasta que estén suaves.

Nutrición:

Calorías 87

Proteína 1,4 g

Carbohidratos 12,3 g

Grasa 3,8 g

Coliflor Hash

Tiempo de preparación: 15 minutos

Tiempo de cocción: 2 horas y 30 minutos

Porciones: 4

Ingredientes:

- 2 tazas de coliflor, picada en bruto

- ½ taza de papa, picada

- 1 onza. Provolone, rallado

- 1 cucharada de cebollino, picado

- 1 taza de leche

- ½ taza de agua

- 1 cucharadita de chile en polvo

Instrucciones:

1. Vierta agua y leche en la olla. Añade coliflor, patata, cebollino y chile en polvo. Cierre la tapa y cocine la mezcla a fuego alto durante 2 horas. Luego espolvorea el hachís con queso provolone y cocina la comida a fuego alto durante 30 minutos.

Nutrición:

Calorías 134

Proteína 9,3 g

Carbohidratos 9,5 g

Grasa 7.1 g

Ajo salteado

Tiempo de preparación: 15 minutos

Tiempo de cocción: 6 horas

Porciones: 4

Ingredientes:

- 2 oz. de dientes de ajo, pelados

- 2 cucharadas de jugo de limón

- 1 cucharadita de pimienta negra molida

- 1 taza de agua

- 1 cucharada de mantequilla vegetariana

- 1 hoja de laurel

Instrucciones:

1. Ponga todos los ingredientes en la olla. Cierra la tapa y cocina el ajo en bajo durante 6 horas.

Nutrición:

Calorías 135

Proteína 4,7 g

Carbohidratos 24,1 g

Grasa 3.3 g

Maíz con queso

Tiempo de preparación: 15 minutos

Tiempo de cocción: 5 horas

Porciones: 5

Ingredientes:

- 2 tazas de granos de maíz

- ½ taza de queso Cheddar, rallado

- 1 cucharada de mantequilla vegetariana

- 1 cucharadita de pimienta negra molida

- 1 cucharadita de sal

- 2 tazas de agua

Instrucciones:

1. Mezcla los granos de maíz con pimienta negra molida, mantequilla, sal y queso. Transfiera la mezcla a la olla y añada agua. Cerrar la tapa y cocinar la comida en bajo durante 5 horas.

Nutrición:

Calorías 173

Proteína 6,9 g

Carbohidratos 23,6 g

Grasa 7,5 g

Salteado de coles ralladas

Tiempo de preparación: 15 minutos

Tiempo de cocción: 6 horas

Porciones: 4

Ingredientes:

- 2 tazas de repollo blanco, desmenuzado
- 1 taza de jugo de tomate
- 1 cucharadita de sal
- 1 cucharadita de azúcar
- 1 cucharadita de orégano seco
- 1 cucharada de aceite de oliva
- 1 taza de agua

Instrucciones:

1. Ponga todos los ingredientes en la olla. Mezcla cuidadosamente todos los ingredientes con la ayuda de la cuchara y cierra la tapa. Cocina el repollo salteado durante 6 horas a fuego lento.

Nutrición:
Calorías 118
Proteína 1,2 g
Carbohidratos 6,9 g

Grasa 10.6 g

Brócoli de la granja

Tiempo de preparación: 15 minutos

Tiempo de cocción: 1 hora y 30 minutos

Porciones: 3

Ingredientes:

- 2 tazas de brócoli

- 1 cucharadita de copos de chile

- 2 cucharadas de aderezo ranchero

- 2 tazas de agua

Instrucciones:

1. Ponga el brócoli en la olla. Añade agua y cierra la tapa. Cocina el brócoli a fuego alto durante una hora y media.

2. Luego escurrir el agua y transferir el brócoli en el tazón. Espolvoréalo con copos de chile y aderezo ranchero. Agita la comida suavemente.

Nutrición:

Calorías 34

Proteína 2,7 g

Carbohidratos 6.6 g

Grasa 0,3 g

Espinacas salteadas

Tiempo de preparación: 15 minutos

Tiempo de cocción: 1 hora

Porciones: 3

Ingredientes:

- 2 tazas de espinacas

- 1 cucharada de mantequilla vegetariana, suavizada

- 2 tazas de agua

- 1 oz de parmesano, rallado

- 1 cucharadita de piñones, triturados

Instrucciones:

1. Pica las espinacas y ponlas en la olla. Añade agua y cierra la tapa. Cocina las espinacas a fuego alto durante 1 hora.

2. Luego escurrir el agua y poner las espinacas cocidas en el tazón. Añade piñones, parmesano y mantequilla. Mezclar cuidadosamente las espinacas.

Nutrición:

Calorías 108

Proteína 7,1 g

Carbohidratos 1,9 g

Grasa 8,7 g

Setas de Cheddar

Tiempo de preparación: 15 minutos

Tiempo de cocción: 6 horas

Porciones: 4

Ingredientes:

- 2 tazas de champiñones cremini, en rodajas

- 1 cucharadita de orégano seco

- 1 cucharadita de pimienta negra molida

- ½ cucharadita de sal

- 1 taza de queso Cheddar, rallado

- 1 taza de crema pesada

- 1 taza de agua

Instrucciones:

1. Vierte agua y crema pesada en la olla. Añade sal, pimienta negra molida y orégano seco. Luego agregue los champiñones cortados en rodajas y el queso Cheddar.

2. Cocina la comida en Low durante 6 horas. Cuando los hongos estén cocidos, revuélvalos suavemente y páselos a los platos de servir.

Nutrición:

Calorías 239

Proteína 9,6 g

Carbohidratos 4,8 g
Grasa 20,6 g

Pimientos de aperitivo fragantes

Tiempo de preparación: 15 minutos

Tiempo de cocción: 1 hora y 30 minutos

Porciones: 3

Ingredientes:

- 2 pimientos dulces, sin semillas

- ¼ taza de vinagre de sidra de manzana

- 1 cebolla roja, en rodajas

- 1 cucharadita de granos de pimienta

- ½ cucharadita de azúcar

- ¼ taza de agua

- 1 cucharada de aceite de oliva

Instrucciones:

1. Corta los pimientos dulces en trozos grandes y ponlos en la olla. Añade todos los ingredientes restantes y cierra la tapa.

2. Cocina los pimientos en alto durante una hora y media. Luego enfríe bien los pimientos y guárdelos en la nevera hasta 6 días.

Nutrición:

Calorías 171

Proteína 3,1 g

Carbohidratos 25,1 g

Grasa 7,7 g

Paprika Baby Carrot

Tiempo de preparación: 15 minutos

Tiempo de cocción: 2 horas y 30 minutos

Porciones: 2

Ingredientes:

- 1 cucharada de pimentón molido

- 2 tazas de zanahoria bebé

- 1 cucharadita de semillas de comino

- 1 taza de agua

- 1 cucharadita de mantequilla vegetariana

Instrucciones:

1. Vierte agua en la olla. Añade la zanahoria bebé, las semillas de comino y el pimentón molido. Cierre la tapa y cocine la zanahoria en alto durante 2 horas y media. Luego escurrir el agua, añadir mantequilla y agitar las verduras.

Nutrición:

Calorías 60

Proteína 1,6 g

Carbohidratos 8,6 g

Grasa 2,7 g

Espárragos de mantequilla

Tiempo de preparación: 15 minutos

Tiempo de cocción: 5 horas

Porciones: 4

Ingredientes:

- Espárragos de una libra

- 2 cucharadas de mantequilla vegetariana

- 1 cucharadita de pimienta negra molida

- 1 taza de caldo vegetal

Instrucciones:

1. Vierta el caldo de verduras en la olla. Picar los espárragos en trozos grandes y añadirlos a la olla.

2. Cierra la tapa y cocina los espárragos durante 5 horas a fuego lento. Luego escurrir el agua y transferir los espárragos en el recipiente. Espolvoréalo con pimienta negra molida y mantequilla.

Nutrición:

Calorías 77

Proteína 2.8g

Carbohidratos 4,9 g

Grasa 6.1 g

Maíz Jalapeño

Tiempo de preparación: 15 minutos

Tiempo de cocción: 5 horas

Porciones: 4

Ingredientes:

- 1 taza de crema pesada

- ½ taza de queso Monterey Jack, rallado

- Granos de maíz de una libra

- 1 jalapeño, picado

- 1 cucharadita de mantequilla vegetariana

- 1 cucharada de eneldo seco

Instrucciones:

1. Vierte crema pesada en la olla. Añade queso Monterrey Jack, granos de maíz, jalapeño picado, mantequilla y eneldo seco. Cocina el maíz a fuego lento durante 5 horas.

Nutrición:

Calorías 203

Proteína 5,6 g

Carbohidratos 9,3 g

Grasa 16,9 g